BIOGRAPHIE

DE

M. FRANÇOIS-CÉSAR LOUANDRE

PAR E. PRAROND

AMIENS. — IMPRIMERIE DE T. JEUNET.

M. FRANÇOIS-CÉSAR LOUANDRE

M. FRANÇOIS-CÉSAR LOUANDRE.

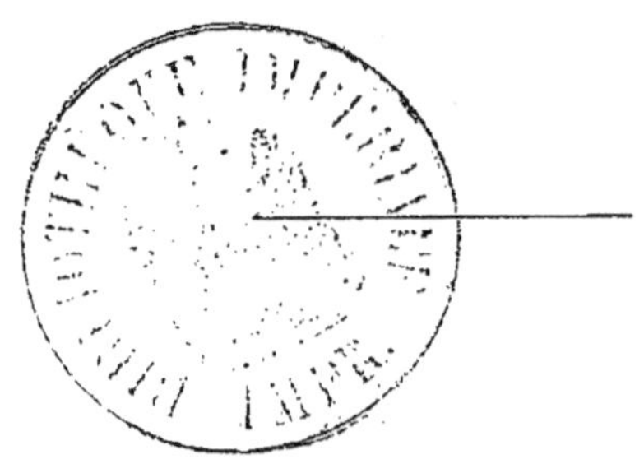

Abbeville déplore la perte de son historien ; la tombe de M. Louandre n'est pas seulement une fosse qu'un peu de terre peut refermer aux yeux des concitoyens infidèles tôt ou tard au souvenir des relations les meilleures ; elle représente un grand vide ouvert dans la ville même et que les témoignages durables des travaux de l'écrivain défunt et des services de tout genre rendus par lui ne permettront pas d'oublier.

A moi, qui ai si bien connu M. Louandre dans ces dernières années, il appartient peut-être de rappeler avec plus de développement que tout autre ses travaux et ses services, et de rendre à son caractère l'hommage du plus profond respect.

M. Louandre naquit en 1786 ; il atteignit l'âge où l'éducation sérieuse des enfants et des jeunes gens commence et se poursuit avant qu'au collége, détruit par la révolution, eût succédé encore dans la ville une maison d'enseignement de quelque importance ; il fréquenta l'école de l'abbé Delétoille, qui enseignait seul dans une classe étroite la grammaire, le latin, l'histoire, la géographie et les mathématiques, cumul de besognes dont le P. Ignace, recommandable pour tout ce qui regarde les églises et les maisons religieuses, dans son *Histoire ecclésiastique d'Abbeville*, n'a guère laissé dans sa volumineuse *Histoire des Maïeurs* qu'une liste de ces magistrats. L'histoire véritable de la commune d'Abbeville n'avait pas été faite dans ce dernier livre ; M. Louandre comprenait que les éléments en existaient épârs et qu'elle pouvait être écrite. Il découvrit lui-même les sources ; il amassa ses matériaux et reconnut enfin avec joie qu'il devenait peu à peu maître de nos annales abbevilloises.

En 1829 il publiait, comme essai, la *Biographie d'Abbeville et de ses environs* ; le projet d'écrire ce livre datait de ses années d'études. Elève pour le dessin [1] de notre peintre Choquet, à qui il garda toujours un souvenir plein d'affection, il avait été frappé de l'idée patriotique du tableau qui réunit dans un même cadre les figures de tous les hommes d'Abbeville dignes de la mémoire publique ; il avait voulu attacher à l'œuvre du peintre un *livret*.

M. Louandre n'avait pas eu pour cette *Biographie* tous les secours nécessaires et convenait lui-même que l'ouvrage était à compléter ; le mérite de l'entreprise était pour l'auteur de l'avoir abordée le premier, du moins dans ces développements [2]. La *Biographie* des hommes

---

[1] M. Louandre conserva toujours quelque habitude du dessin.

Le secrétaire du Musée d'Abbeville lui écrivait le 12 mars 1843 :

« La Commission administrative du Musée a reçu avec reconnaissance les dessins que vous avez bien voulu lui envoyer et qui réprésentent les blasons coloriés des villes d'Abbeville, de Rue, de Saint-Riquier, du Crotoy, d'Airaines, de Saint-Valery, du Pont-de-Remy, de Gamaches, de Montreuil-sur-Mer et de Doullens. »   « DE BELLEVAL. »

[2] Le P. Ignace et Devérité avaient dressé dans leurs histoires quelques courtes notices sur un certain nombre des hommes les plus connus du pays.

d'Abbeville, publiée en un livre distinct de tout autre
livre, est une des premières des œuvres du même genre
qui se sont depuis multipliées en France. Quelques critiques reconnurent dès lors la portée heureuse de ces
publications ; la *Revue encyclopédique*, en annonçant le
livre de M. Louandre (décembre 1829, tome IV), ajoutait à
d'autres remarques : « Chaque province aujourd'hui, en
consacrant dans une biographie locale les hommes et
les faits dignes de mémoire, contribue à l'érection d'un
vaste monument où doit se réunir l'élite des citoyens
faits pour exciter l'émulation de la postérité. » Voyez
encore sur cette *Biographie d'Abbeville* un article de la
Sentinelle picarde du 3 janvier 1830 et un autre du
Moniteur du 25 février suivant. — M. Louandre con-
servait encore, il y a quelques années, la pensée de
donner de nouveaux développements à son livre.

Déjà M. Louandre faisait partie de la Société d'émulation, qui eut toujours à reconnaître en lui un de ses
membres les plus assidus. Avant la publication de ses
travaux, il en lisait toujours quelques fragments à cette
compagnie, qui eut l'honneur de l'avoir pour secrétaire,
notamment en 1830 et en 1831.

La *Biographie* déjà connue et bien accueillie du public,
l'*Histoire d'Abbeville* commencée, à demi annoncée et
attendue, firent en l'année même 1829 attribuer à
M. Louandre la conservation des archives municipales,
fonction gratuite qui vint ainsi au devant de sa seule
ambition et de tous ses désirs [1]. M. Traullé, l'ancien

---

[1] Jusqu'en 1848, les archives municipales, tout en restant la
propriété non inquiétée des villes, relevèrent de deux ministères.
Pour les temps antérieurs à 1789, elles relevaient du ministère de l'Instruction publique ; c'était le ministre de ce département qui donnait les instructions et les conseils de classement.
Pour les temps postérieurs à 1789, elles relevaient du ministère
de l'Intérieur et concernaient les secrétaires des mairies. La date
de 1789 faisait ainsi la séparation entre la partie historique et
administrative des archives. C'est dans cette situation que
M. Louandre prit la garde des archives historiques.

archiviste, était mort le 10 octobre ; depuis longtemps, ses infirmités ne lui permettaient plus aucun travail, et M. Louandre trouva les archives dans un assez grand désordre ; le Conseil de la ville avait justement compris que la science déjà acquise du nouvel archiviste « rendrait précieuse sa bonne volonté de remplir le poste qu'on le priait d'accepter. » *Délibération du 5 novembre 1829.* — M. Louandre satisfit pleinement à cette attente ; il remit les pièces en place et les classa de nouveau en les résumant par des notes qu'il écrivit souvent ou la plupart du temps sur les marges. Il tira obligeamment de ces sommaires des communications pour M. Augustin Thierry et pour le Comité des travaux historiques.

M. Augustin Thierry lui faisait écrire dès le 4 décembre 1837 :

« M. Augustin Thierry a reçu les cinquante-huit bulletins provenant de la suite du dépouillement des archives municipales d'Abbeville ; je les ai joints aux cent quarante-huit que vous aviez précédemment envoyés. Nous avons, grâce à vous, un travail complet sur Abbeville. Vos analyses ont paru rédigées avec méthode et clarté et répondent parfaitement aux instructions. »

Sur le zèle et sur la lumière qu'apportait M. Louandre dans ses fonctions d'archiviste, nous trouvons encore ces témoignages précieux dans une liasse de correspondances :

« Paris, 20 juin 1838.

« . . . . Les détails contenus dans votre lettre sur la situation des archives d'Abbeville m'ont paru assez importants pour être communiqués au comité historique des chartes, chroniques et inscriptions. Le comité, dans sa dernière séance, en a écouté la lecture avec intérêt et a exprimé le désir d'entrer en relations plus suivies avec vous.

« *Le ministre de l'Instruction publique,*

« SALVANDY. »

« Paris, 17 février 1854.

« Monsieur, j'ai lu avec intérêt le mémoire que vous m'avez adressé sur les archives départementales, communales et hospitalières. Il pourra être utilement consulté lorsqu'il s'agira de donner de nouvelles instructions à MM. les archivistes, et je vous prie de recevoir mes remercîments pour cette communication.

« Recevez, etc.

« Pour le ministre :

« *Le Conseiller d'Etat chargé de la direction générale de l'administration intérieure,*

« FREMY. »

Mais ces dates nous font presser le pas sur la vie paisible de M. Louandre, au milieu de ses occupations de plus en plus actives cependant. Nous ne verrons plus, depuis la publication de la *Biographie* et à compter de 1830 surtout, l'écrivain ou le citoyen se reposer. Chaque année nous donnera à rappeler un nouveau service rendu, un nouveau travail d'histoire offert à sa ville.

Il est en 1830 nommé conseiller municipal, et ne résigne, un an plus tard, sa place autour de la table des délibérations que pour accepter les fonctions de bibliothécaire, trop en rapport avec ses goûts et trop favorables à ses études pour ne pas exiger ce sacrifice. L'ambition de M. Louandre était désormais satisfaite ; sa modestie ne visait pas plus haut ; les besoins d'esprit du savant avaient obtenu la meilleure satisfaction qu'il désirât.

On sait avec quel zèle effectif il prit à cœur les intérêts de la bibliothèque qui lui était confiée ; c'est lui qui proposa la réunion de l'œuvre des graveurs abbevillois et qui, par ses recherches chez les marchands, par son assiduité aux ventes, contribua le plus à l'enrichissement rapide de cette collection ; les quelques études artistiques qu'il avait ébauchées chez M. Choquet l'avaient rendu apte à assurer plus tard son jugement, et son goût développé ne se trompait pas dans le choix des épreuves ; il ne cessa jamais d'améliorer la collection de la ville par des échanges intelligents. C'est à lui qu'on doit en grande partie le salut des livres de théologie auxquels le conseil de la ville se décida presque avec peine à faire grâce. — *Séance du 26 avril 1833.* — Je me souviens encore du respect avec lequel il gardait l'Evangile de Charlemagne, ne permettant à personne d'y toucher et ne soulevant qu'avec les plus grandes précautions aux yeux des visiteurs le couvercle et la vitre qu'il avait fait disposer au-dessus du précieux manuscrit. Dès qu'il se fût rendu compte du classement logique de la bibliothèque, il prépara le catalogue dont nous parlerons plus loin.

Dès le 18 novembre 1830, le préfet de la Somme nommait M. Louandre membre de la commission créée pour éclairer l'autorité sur la composition des comités chargés de surveiller les écoles primaires dans l'arrondissement [1].

Tout se faisait en plein jour alors et en quelque sorte avec consultation du sentiment public ; aussi, lorsque trois ans après, en 1833, l'instruction primaire fut organisée sous le ministère de M. Guizot, M. Louandre fut-il tout naturellement désigné comme un des membres du comité supérieur de surveillance.

M. Louandre prit donc part aux travaux de ce comité

---

[1] Une ordonnance du Roi, rendue le 16 octobre 1830, avait prescrit la réorganisation des comités chargés de surveiller et d'encourager l'instruction primaire. Le recteur de l'Académie, d'après cette ordonnance, nommait, avec les préfets, les membres de ces comités. L'ordre régi ainsi attendait l'ordre définitif que devait régler la loi du 28 juin 1833. M. Louandre entra dans le comité provisoire par un arrêté de nomination du 15 mars 1831, approuvé par le ministre le 31 du même mois.

depuis l'installation jusqu'en 1848 [1]. Il fit plus : pour suppléer aux livres insuffisants qui laissaient dans les écoles les maîtres et les élèves en présence, sans méthode réfléchie, il rédigea gratuitement, et publia, sans se réserver aucun droit d'auteur, un petit Syllabaire dans lequel se trouvent déjà en germes plusieurs des perfectionnements qui ont été apportés depuis dans l'épellation, cette première et grande difficulté de l'instruction primaire. Dans ce petit livre, que nous nommons surtout pour montrer le dévouement de M. Louandre à l'éducation générale, la méthode, dite *des Sons*, était combinée avec la méthode de l'appel successif des lettres.

Vers le même temps, M. Louandre dressa un très-intelligent programme d'études pour une communauté d'éducation religieuse de jeunes filles, et ce nouveau petit travail de pure complaisance, était fait à la demande d'une de ses parentes, religieuse enseignante dans la communauté.

Occupé depuis longtemps déjà de l'histoire d'Abbeville, M. Louandre ne pouvait rester indifférent aux découvertes des objets antiques de toutes sortes qui comblent les lacunes des monuments écrits, et sont, à côté des témoignages des archives, de véritables documents fournis à l'historien par les rares maisons du moyen âge, par les ruines, par le sol tour à tour gaulois, romain, franc, anglais et bourguignon. La réunion, la conservation de ces objets étaient dans ses vœux les plus vifs, quand la formation d'un musée fut enfin décidée par la Société d'Emulation et par la Ville ; aussi le

[1] Ce comité avait été établi à Abbeville par décision du ministre de l'Instruction publique du 17 décembre 1833.

La lettre du recteur de l'Académie d'Amiens qui fait le titre de M. Louandre, est du 31 janvier 1834.

La séance d'installation du comité d'Abbeville eut lieu le vendredi 28 février, à onze heures du matin, en l'Hôtel-de-Ville.

choix de ses concitoyens se tourna-t-il tout d'abord vers lui, dès qu'il s'agit de confier à des hommes de sciences diverses, l'œuvre de rassembler les éléments de ce musée. M. Louandre fut donc nommé, presque simultanément, membre de deux commissions à cet effet.

Le président de la Société d'Emulation lui écrivait, le 7 décembre 1833 : « Dans la séance du 6 de ce mois, la Société d'Emulation, d'accord avec l'autorité municipale, ayant arrêté qu'un Musée de l'arrondissement serait établi à Abbeville dans la grande salle de ses séances, j'ai l'honneur de vous prévenir que vous avez été nommé membre de la commission chargée de la formation de ce musée. » — BOUCHER DE PERTHES.

Et le 16 avril de l'année suivante, le maire écrivait au bibliothécaire de la ville en faisant placer dans la bibliothèque communale quelques-uns des objets déjà recueillis :

« Monsieur,

« Connaissant vos lumières et votre zèle pour tout ce qui peut contribuer à l'agrément et à la prospérité de la ville, je viens de vous nommer l'un des directeurs du cabinet d'antiquités dont le conseil municipal a arrêté la formation dans la bibliothèque communale.

« Je vous prie, Monsieur, de vous concerter avec MM. Baillon et Beaucousin, vos collègues, afin d'arrêter les dispositions que vous jugerez nécessaires à ce nouvel établissement.

« Agréez, Monsieur, l'assurance de ma considération distinguée.   « HIBON. »

De la bibliothèque, les objets d'archéologie ayant été transportés dans un local spécial, M. Louandre demeura pendant quelques années plus étranger au musée, dont il redevint cependant officiellement administrateur le 11 juillet 1849, en remplacement de M. Delignières de Bommy, décédé.

En l'année 1833 encore, l'Académie et la Chambre de commerce d'Amiens ayant arrêté un programme de statistique agricole, industrielle et commerciale du département de la Somme, M. Louandre se chargea des recherches sur l'importance ou la valeur des bois et des forêts de l'arrondissement d'Abbeville, sur certaines parties de la production agricole, notamment des matières industrielles, le lin, le chanvre, et sur la culture maraîchère des environs d'Abbeville. Le mémoire sur la culture du lin et du chanvre, envoyé d'abord à Amiens par la Société d'Emulation d'Abbeville, valut à M. Louandre le 24 juin (1833) les remercîments du président de l'Académie d'Amiens : « Nous nous félicitons que son auteur, M. Louandre, ait bien voulu se charger de répondre à nos questions sur votre culture maraîchère, puisque nous devons trouver dans ce nouveau travail la précision et la clarté qui distinguent celui que vous avez eu la bonté de nous adresser. » Le mémoire sur la culture maraîchère fut non moins bien accueilli, ainsi qu'en témoigne une nouvelle lettre du 2 juillet suivant : « Ainsi que nous l'avions prévu, ce travail ne laisse rien à désirer, et il remplira parfaitement le but que nous nous étions proposé. »

Ces recherches de M. Louandre furent encore utiles lors de l'enquête ouverte à Abbeville sur les avantages du chemin de fer projeté d'Amiens à Boulogne, et sur le mouvement d'affaires et de transport auquel pouvait donner lieu la production de l'arrondissement d'Abbeville.

Nous arrivons aux publications importantes de M. Louandre.

L'Histoire ancienne et moderne d'Abbeville paraissait en 1834-1835, mais elle était préparée depuis longtemps, et quelques chapitres même avaient paru. A cette date

encore, à plus forte raison avant 1830, on connaissait
si peu l'histoire du moyen âge, on l'avait si bien oubliée,
que le livre de M. Louandre était ou pouvait être une
révélation même hors de la ville, c'est-à-dire dans tous
les coins des provinces où le mouvement historique
nouveau n'avait pas suffisamment pénétré ; le *Journal
de Rouen*, d'opposition libérale, s'emparait, très-peu de
de temps avant la révolution de juillet, d'un chapitre
manuscrit de l'histoire d'Abbeville : *Franchises municipales*, et, presque étonné de retrouver des libertés dans
le passé, se servait du chapitre révélateur pour affermir
dans la résistance les esprits disposés à fléchir ; faiblesse
qui serait une désertion du devoir, donnait à entendre
le polémiste du journal, « à une époque où d'opiniâtres
contradictions s'élèvent sur les droits des communes à
choisir leurs administrateurs. » — *Journal de Rouen*,
4 avril 1830.

Parmi les comptes-rendus de cette première édition
de l'histoire d'Abbeville, nous devons citer, en première
ligne, celui de M. Daunou, dans le *Journal des Savants*
(avril 1835, p. 248); c'est le résumé du livre par un des
hommes les plus compétents en histoire. Et devant qui
nous effacerions-nous mieux que devant le savant ora-
torien, devant le juge impartial en toutes choses, qui
disputa Louis XVI à la Convention?

M. Louandre, dit M. Daunou, « suit constamment
l'ordre chronologique, en rassemblant néanmoins, autant que cet ordre le peut permettre, les détails qui
concernent spécialement le régime féodal, la jurispru-
dence civile et criminelle, les formes de l'administration, les mœurs et les usages, l'industrie, le commerce,
la population, l'état physique du pays ; il raconte avec
plus ou moins d'étendue, les batailles, les négociations,
les cérémonies, les passages ou entrées de princes, les
événements politiques ou militaires, dont le Ponthieu a
été le théâtre ou qui ont immédiatement influé sur le

sort de ses habitants. Nous ne citerons comme exemple que le récit de la bataille de Crécy en 1346 et la description des fêtes célébrées, des mystères joués dans Abbeville devant Charles VIII en 1493, devant Louis XII et sa troisième épouse en 1514. » M. Daunou, regrettant ensuite de ne pas trouver dans cette histoire, après les notices sur les établissements ecclésiastiques et sur les établissements publics, quelques indications sur les écrivains nés dans Abbeville, Halgrin, les Sanson, Pierre Duval, Philippe Briet, Hecquet, Devérité, Millevoye, Traullé, etc., s'étonne, dit-il, « d'autant plus d'une omission si grave, que le nom de M. Louandre est destiné à continuer cette liste honorable. »

M. Daunou oubliait, peut-être n'avait-il pas connu, la *Biographie* qui prévenait le reproche.

Nous permettra-t-on d'invoquer encore, sur la première histoire de M. Louandre, une appréciation très-impartiale et lointaine, avant d'en venir à des témoignages plus voisins que nous tenons surtout à rappeler, pour montrer combien M. Louandre fut toujours l'homme du pays, en communication, en sympathie avec tous les lettrés, tous les savants ses compatriotes sur la vieille terre de Ponthieu, leur meilleur représentant au foyer natal, et comment, donnant au pays tous ses instants de travail intellectuel, il recevait du pays ses meilleures et ses plus sûres récompenses.

M. Yanoski écrivait dans le *National* du 3 décembre 1833 :

« M. Louandre, sans sortir des étroites limites qui lui étaient assignées par son sujet, a jeté quelquefois un coup d'œil sur d'autres évènements qui, pour s'être passés à distance, n'en avaient pas moins exercé une incontestable influence sur les destinées d'Abbeville. M. Louandre a fait preuve, dans la composition de son ouvrage, d'un excellent esprit historique, et le premier éloge que nous devions lui adresser, c'est d'avoir tracé l'histoire d'une localité, depuis ses origines les plus lointaines jusqu'à nos jours, sans cesser de l'envisager dans ses rapports avec l'histoire générale de la France [1]. »

Les appréciations sorties du sentiment même du pays seraient sans nombre. Il faudrait, pour les rapprocher, dépouiller tous les journaux d'Abbeville et d'Amiens aux dates de la publication des deux livraisons (1834-1835), l'*Industriel Calaisien* (numéros des 3 janvier et 4 avril 1835), etc. J'aime mieux m'en tenir à cette conclusion d'un article de M. de Pongerville : « Cet ouvrage est remarquable par la sage ordonnance du plan, par la proportion de toutes ses parties, par la peinture fidèle des mœurs de différentes époques, par les faits intéressants qu'il révèle et qu'il met en relief avec un style élégant, précis et vrai. » — *Impartial* du 14 avril 1835.

Les qualités générales signalées par M. de Pongerville ne suffisaient pas cependant à M. Louandre qui, à peine son livre publié, résolut de le refondre, de le compléter, d'en espacer mieux les parties en périodes historiques, de préciser les faits et les circonstances par des citations de textes, par des extraits justificatifs de toutes sortes, et d'amener enfin le livre à un point tel qu'il pût le donner comme un ouvrage nouveau sous un titre légèrement modifié : *Histoire d'Abbeville et du comté de Ponthieu jusqu'en 1789*. A cette œuvre de dévouement, M. Louandre consacra dix nouvelles années et tira d'un travail assidu le droit d'emprunter à Nicole ces mots qui, par l'application qu'il en faisait à ses propres procédés, montrent bien la conscience de ses travaux et son attention con-

---

[1] Il fut, en outre, rendu compte de la première édition de l'*Histoire d'Abbeville* dans la *France littéraire*, cahier d'avril ou de mai 1835, et dans la *Revue anglo-française*, août 1835, page 191.

tinuelle et ses scrupules : « Il seroit à désirer qu'on ne considérât les premières éditions des livres que comme des essais informes, que ceux qui en sont les auteurs proposent aux personnes de lettres pour en apprendre leurs sentiments, et qu'ensuite, sur les différentes vues que leur donneroient ces différentes personnes, ils y travaillassent tout de nouveau pour mettre leurs ouvrages dans la perfection où ils sont capables de les porter. »

C'est sur la seconde édition de l'histoire d'Abbeville (2 vol. 1844-1845) que nous allons particulièrement nous arrêter, cette édition conservant toutes les qualités de la première et nous en donnant à signaler beaucoup d'autres [1].

L'ouvrage est divisé en huit livres, subdivisés eux-mêmes en un certain nombre de chapitres.

Les six premiers livres racontent les évènements qui composent l'histoire de la ville jusqu'en 1789, mais avec des pauses qui permettent à l'auteur de rapprocher et

[1] Deux souvenirs, dont l'un regarde la première édition de l'ouvrage, l'autre le livre enfin complété, sont à fixer ici.

Une circonstance fortuite amena en 1841 l'histoire d'Abbeville sous les yeux de la reine Marie-Amélie. La reine avait voulu visiter l'église de Saint-Riquier ; M. Estancelin, qui l'accompagnait, écrivait le 6 septembre à M. Louandre :

« Les entretiens auxquels a donné lieu le voyage de la Reine à Saint-Riquier ont fait apprécier le mérite de votre œuvre, et l'on a appris par ce moyen qu'une contrée si riche en souvenirs a trouvé et possède un historien capable de les retracer dignement. »

Quelques années plus tard, le prince Louis-Napoléon Bonaparte étudiait à Ham l'édition nouvelle si largement augmentée ; il écrivait dans son ouvrage *du passé et de l'avenir de l'artillerie :* « . . . . . M. F.-C. Louandre vient de publier dans son intéressante *Histoire du Ponthieu* un passage d'un manuscrit de Froissart conservé à la bibliothèque d'Amiens, qui détruit toutes ces suppositions... etc. » Il s'agissait, dans la dissertation du prince, de l'emploi contesté des canons à Crécy.

de grouper plus à loisir, synoptiquement, pourrait-on dire, quelques faits de curiosité locale ou d'importance morale, et les remarques particulières ou générales que ces faits provoquent, digressions hors des annales purement chronologiques, s'il était permis d'appeler digressions en histoire les courses et les stations de la pensée dans les généralités de l'histoire même, en face des faits le mieux caractéristiques des temps.

Ainsi le chapitre cinquième et dernier du premier livre nous offre l'état physique du pays, et dans ce chapitre nous parcourons rapidement tout le Ponthieu, nous arrêtant particulièrement dans les lieux qui sont déjà ou qui doivent devenir un jour des villes ou des bourgs importants ;

Ainsi le mouvement communal est l'unique objet du dernier chapitre du second livre ;

Ainsi les mœurs et les usages saisis au XIIe siècle et suivis jusqu'au XVIe remplissent tout le chapitre second du livre troisième ;

Ainsi les chapitres IIIe et IVe du livre quatrième sont consacrés à l'organisation féodale et au droit civil ou coutumier ;

Ainsi dans le sixième livre un chapitre tout entier est accordé aux mœurs et aux usages pendant les XVIe, XVIIe et XVIIIe siècles, un autre à l'état physique (ce dernier chapitre se compose de considérations sur les états successifs d'Abbeville depuis l'origine même de la ville dans l'île de la Somme, jusqu'aux temps rapprochés de nous).

Enfin les livres septième et huitième tout entiers nous rappellent, dans des chapitres distincts et spéciaux, l'organisation municipale (administration et justice), l'organisation financière, les priviléges des villes du Ponthieu, les milices bourgeoises, l'organisation militaire, le commerce, les foires, les marchés, les corporations des arts et métiers, les justices royales et les justices administratives, l'organisation ecclésiastique, l'archidiaconé, les abbayes et les couvents, les églises, les établissements de charité, les écoles, etc.

Dans ce plan, les chapitres sur l'état physique, sur le commerce, sur les coutumes, sur les mœurs, etc., nous ramènent plus particulièrement au milieu des anciens habitants de la ville; nos pieds même parcourent leurs places et leurs rues pavées de petit carrel; nos yeux s'arrêtent sur leurs maisons de bois. Ces chapitres nous donnent la physionomie calme de la ville, sa vie intérieure et paisible, et les souvenirs des vieux usages, les statistiques, les considérations sur l'industrie, sur les métiers, l'explication des libertés, des fiertés municipales, le rapprochement du bourgeois en armes, du moine qui passe, du chanoine qui sort de sa collégiale, laissent dans l'esprit du lecteur un profit plus grand que l'exposition des faits de guerre ou de famine, le récit des entrées de princes, etc.

Et ces derniers faits même, l'histoire extérieure, pourrait-on dire, ou participant des circonstances extérieures, ont été rapportés avec une sévérité qui a mérité l'attention publique de M. Daunou (on l'a vu) et les éloges de M. Thierry en vingt occasions privées.

Si flatteurs, ou, pour mieux dire, si honorables que soient ces jugements, il en est un autre que nous devons priser aussi haut pour M. Louandre, parce qu'il émane d'un homme qui fait depuis longtemps son étude du Ponthieu. M. Charles Henneguier, le savant qui n'aime que le silence, mais qui ne m'en voudra pas d'invoquer son témoignage sur les mérites de l'histoire d'Abbeville, écrivait familièrement à M. Louandre le 18 décembre 1844 : « Votre ouvrage est le premier où j'aie vu clair dans la succession de nos vieux comtes. J'y ai aussi trouvé l'explication de bien des évènements de l'histoire de Montreuil, dont je n'avais pas saisi le fil, faute de pouvoir remonter à la source. Il est étonnant de voir quels rapports il y a entre l'histoire d'Abbeville et celle de Montreuil; dans la plupart des faits, changez un de ces noms et substituez-y l'autre, le récit aura la même exactitude. »

Ce n'est là qu'un mot emprunté à une lettre, mais, pour montrer M. Louandre toujours récompensé par la voix de ses compatriotes de la ville ou du Ponthieu, je ne pouvais mieux trouver qu'un avis de M. Henneguier.

Remontons un peu dans les travaux de M. Louandre au-delà desquels la deuxième édition de l'histoire d'Abbeville nous a entraînés.

L'assidu conservateur publiait en 1836-1837, avec une préface de M. Charles Louandre, son fils, un Catalogue raisonné par ordre de matières des livres de la bibliothèque d'Abbeville (2 vol.). A l'époque où ce catalogue avait été commencé par M. Louandre, bien peu de villes de province possédaient des catalogues imprimés de leurs bibliothèques. La plupart des bibliothèques même de Paris n'en avaient pas ou n'en avaient que de très-insuffisants. Le Conseil municipal d'Abbeville prit une initiative très-intelligente en allouant les fonds nécessaires à la publication du relevé de M. Louandre.

« La publication de ce catalogue, rédigé avec un très-grand soin, écrivait encore M. Daunou [1] vaudra sans doute de nouveaux bienfaits et d'heureux accroissements au dépôt confié à un si habile et si zélé conservateur. M. Louandre donne un très-bon exemple à MM. les bibliothécaires d'Amiens, de Boulogne - sur - Mer et d'Arras, villes qui possèdent en ce genre des établissements que nous croyons plus riches que celui d'Abbeville. »

En même temps que ce catalogue, M. Louandre publiait dans les Mémoires de la Société d'Emulation

---

[1] *Journal des Savants,* juin 1837, p. 377.

(années 1836-1837), des *Lettres et bulletins des armées de Louis XI adressés aux officiers municipaux d'Abbeville*, et joignait à ces extraits des archives municipales les éclaircissements et les notes nécessaires pour établir un lien entre les différentes pièces. La publication doit tenir une très-grande place parmi toutes celles qui ont été faites depuis sur l'époque des guerres de Louis XI, notamment par M. de La Fons-Mélicocq. Ainsi les témoignages des archives d'Abbeville et les témoignages des archives de Lille peuvent se compléter les uns par les autres.

C'est en ce temps aussi, le 3 juillet 1837, que M. Louandre fut nommé correspondant du ministère de l'Instruction publique pour les travaux historiques.

L'activité de sa correspondance ne pourrait être mesurée, le nombre de ses envois au ministère ne pourrait être compté que dans de longues pages ; il recevait dès le 23 décembre 1837 cette lettre du Ministre :

« Monsieur, je ne puis que vous remercier tout particulièrement du zèle et de l'activité avec lesquels vous vous acquittez de la mission qui vous a été confiée. Les derniers documents que vous avez envoyés pour la collection des monuments du tiers-état ont été examinés par M. Augustin Thierry et ont mérité son entière approbation. Je vous prie de rédiger sur le même plan tous les rapports que vous m'adresserez postérieurement.

. . . .

« Agréez, etc.

« *Le ministre de l'Instruction publique,*

« SALVANDY. »

Dans le courant de 1843, M. Louandre adressa au ministère un certain nombre de lettres de Henri IV, pour la publication [1] dont était chargé M. Berger de

—————

[1] *Lettres de Henri IV*, recueil publié sous les auspices du ministre de l'Instruction publique.

Xivrey ; il écrivait au Ministre le 11 juillet 1843 :
« . . . . Depuis les derniers jours de l'an 1594, époque à laquelle l'ancienne capitale du comté de Ponthieu reconnut Henri IV jusqu'à la mort de ce prince, 1610, j'ai découvert 25 copies de ces lettres [1].

« Mais j'ai regret, Monsieur le Ministre, de ne pouvoir vous communiquer que 16 pièces complètes ; la lecture de plusieurs de ces lettres est tellement difficile que je n'ai pu les déchiffrer entièrement. J'en suis d'autant plus fâché qu'on y trouve des détails curieux. Vous en jugerez par les fragments que je vous envoie. (Lettre donnée au camp devant Amiens le 16 septembre 1597. Registre de 1596 à 1597, folio 116. — Lettre donnée à Paris le 4 octobre 1595, registre de 1595 à 1596, folio IIII^c XI verso. — Lettre donnée à.... le 13 mars 1597, registre de 1596 à 1597, folio CXVI.)

« De 1584 à 1594, nos registres ne renferment aucune autre lettre de Henri IV, je viens de m'en assurer ; mais pour ne rien omettre, je vais remonter encore plus haut, et si j'en retrouve, je vous les enverrai...»

Et le 3 août de la même année, M. Villemain accusait à M. Louandre réception de différentes copies des lettres indiquées plus haut, et le 28 du même mois encore : «..... Je m'empresse de vous remercier des nouvelles copies de lettres de Henri IV que vous m'avez fait l'honneur de m'adresser le 17 courant... — VILLEMAIN. »

Le 10 avril 1852, M. Louandre envoyait au ministère pour la section des travaux historiques différentes copies des documents de la bibliothèque d'Abbeville, savoir : 1° une lettre de dom Bouquet, relative à la publication du recueil des historiens des Gaules et de la France ; 2° une lettre de Daguesseau constatant le zèle avec lequel ce savant étudiait les langues orientales ; 3° une lettre

---

[1] Lettres dont les originaux n'existent plus dans les archives, mais qui ont été transcrites dans un des registres aux délibérations de la Ville.

de Louis XIII annonçant aux magistrats d'Abbeville la mort du maréchal d'Ancre.

Il y eut, vers ce temps, quelque changement dans les désignations du comité des travaux historiques et quelque renomination en conséquence, car M. Louandre recevait du nouveau Ministre le 19 décembre 1852 la lettre suivante : « J'ai été trop heureux, Monsieur, en vous donnant le titre de correspondant du comité de l'histoire, de la langue et des arts, de saisir une occasion de vous témoigner combien sont précieuses pour mon département les communications savantes que vous voulez bien lui faire.   FORTOUL. »

Jusqu'en ces dernières années, jusqu'aux approches de la maladie de langueur qui le retint chez lui, M. Louandre continua d'envoyer des documents au ministère. Je retrouve ces lettres de remercîment qui montrent sur combien de questions diverses se portait son intérêt.

Sous la date du 10 novembre 1853 :

« Monsieur, vous avez bien voulu me faire parvenir, le 31 octobre dernier, la copie d'une lettre de Charles VI relative au grand schisme d'Occident, ainsi que plusieurs lettres du duc de Mayenne adressées par ce prince aux mayeur et eschevins d'Amiens et d'Abbeville.

« Je m'empresse, Monsieur, de vous remercier de cette communication que j'aurai soin de mettre sous les yeux de la section d'histoire du nouveau comité lors de sa prochaine réunion.

« Agréez, etc.

« Pour le ministre secrétaire d'Etat de l'Instruction publique et des cultes,

« *Le chef du cabinet et du secrétariat,*

« Charles FORTOUL. »

Sous la date du 7 février 1854 :

« Monsieur, j'ai mis sous les yeux de la section d'histoire du comité diverses lettres du duc de Mayenne que vous avez bien voulu me faire parvenir le 31 octobre dernier avec la copie d'une lettre adressée par Charles VI à l'évêque d'Amiens, à l'occasion du grand schisme d'Occident.

« Ces divers documents ont été accueillis avec intérêt par la section qui a prescrit le dépôt aux archives de la lettre de Charles VI et le renvoi des lettres du duc de Mayenne à M. de Crozes, éditeur de la correspondance des princes Lorrains.

« La section a, dans la même séance, entendu le rapport qui lui a été présenté sur quatre lettres de D. Calmet, Daguesseau et D. Bouquet dont vous avez bien voulu me transmettre précédemment les copies. Elle a remarqué dans ces correspondances une lettre écrite par D. Bouquet au savant chanoine Masclef, et qui est relative à la publication du recueil des histoires des Gaules et de la France.

« Ce document lui a paru assez intéressant pour être publié, et elle a décidé qu'il prendrait place dans le bulletin du comité. Je suis heureux, monsieur, de vous faire part de cette décision.

« Agréez, etc.

« Le ministre de l'Instruction publique et des cultes,

« Pour le Ministre :

« *Le chef du bureau et du secrétariat,*

'« Charles FORTOUL. »

Sous la date, enfin, du 11 août 1855 :

« Monsieur, j'ai mis sous les yeux de la section d'archéologie du comité les extraits de comptes des argentiers d'Abbeville qui ont fait l'objet de votre communication du 20 juillet dernier. Ces documents sont relatifs aux canons et engins de guerre employés au XIVe siècle pour la défense de cette ville.

« Je m'empresse, Monsieur, de vous transmettre les remercîments de la section pour l'envoi de ces extraits qui seront communiqués à M. le commandant Favé, officier d'ordonnance de l'Empereur, pour l'histoire de l'artillerie dont Sa Majesté lui a confié la publication.

« Recevez, etc.

« Le ministre de l'Instruction publique et des cultes,
    « Pour le Ministre,
        « *Le chef du cabinet et du secrétariat*,
            « Charles FORTOUL. »

Les envois de M. Louandre au ministère ne l'empêchaient pas de poursuivre ses travaux particuliers sur le pays.

Il publiait dans les mémoires de la Société d'émulation (années 1838-1840) des *Recherches sur la topographie du Ponthieu avant le XIV*[e] *siècle*, recherches faites en grande partie par M. Charles Louandre, son fils, dans le 24e paquet de Dom Grenier, mais complétées pour bien des noms de lieux par l'historien d'Abbeville lui-même. Cet index topographique est un des premiers travaux de ce genre qui aient été entrepris pour un point circonscrit de nos anciennes provinces ; on sait que ces travaux sont étendus aujourd'hui par ordre du Gouvernement à la France entière.

En 1851 paraissaient *les Mayeurs et les Maires d'Abbeville ;* c'était, en quelque sorte, un complément de l'histoire livrée aux lecteurs en 1845.

La liste des mayeurs donnée par le P. Ignace s'arrêtait à l'année 1656 ; M. Louandre, en la rectifiant en quelques points sur les documents des archives municipales, l'a continuée jusqu'à 1848. Chronologiquement parlant, la brochure de M. Louandre est plus exacte et plus complète que l'in-folio du P. Ignace ; historiquement, elle est plus sobre et aussi complète, si on ne la regarde que comme un appendice de l'histoire d'Abbeville.

Sous beaucoup de noms de mayeurs, M. Louandre a rangé avec un choix sévère, un peu trop sévère quelquefois, des notices historiques, critiques, généalogi-

ques, biographiques, ou de courtes citations des registres de l'hôtel-de-ville qui peignent les temps, les
mœurs, les coutumes. Quant aux généralités, aux évènements politiques, aux actes militaires et administratifs
qui prennent date sous la magistrature des mayeurs,
· c'est dans l'*histoire* même d'Abbeville qu'il faut les aller
chercher. Peut-être y a-t-il avantage à suivre ainsi sé-
parément et sans distraction, d'un côté, la chronologie
pure et le fonctionnement extérieur en quelque sorte
des institutions, de l'autre les faits multiples, compli-
qués, et les déductions de l'histoire.

A la même date à peu près, M. Louandre publiait *Les
évêques d'Amiens depuis saint Firmin jusqu'à nos jours*
(303-1850). Petite brochure de 48 pages.

Enfin, en 1855, il tirait, dans la publication d'une
Notice sur l'*Hôtel-Dieu d'Abbeville*, le meilleur bénéfice
pour l'histoire d'un long travail consacré par lui au
classement des archives du vieil établissement chari-
table de 1155 ; quant à lui, sa récompense, cette récompense ordinaire qu'il ne sollicitait pas, mais qui venait
d'elle-même au-devant de lui, était tout entière dans la
reconnaissance de ses concitoyens.

La commission administrative des hospices, acceptant
l'offre toute spontanée que M. Louandre avait faite de
consacrer ses loisirs aux archives des pauvres et des
malades, lui écrivait le 2 avril 1849 :

« Ce classement serait fait depuis longtemps déjà si
la plupart des titres n'étaient en quelque sorte illisibles ;
nous sommes donc heureux de compter parmi nos concitoyens un paléographe aussi distingué qu'obligeant, et
nous le remercions bien sincèrement de son attention
à mettre le concours de ses lumières à notre disposi-
tion.

« *Les membres composant la Commission administrative
des hospices,*

« G. Douville, V. Morel, Beaucousin,
Bachelier, Nau. »

Et lorsque M. Louandre eut terminé son travail, la commission administrative, après avoir consigné, pour l'avenir, sur les registres de l'Hôtel-Dieu « l'expression de sa reconnaissance, » crut devoir la transmettre encore dans les termes suivants à M. Louandre lui-même :

«..... Le travail dont vous venez de doter nos hospices est non-seulement un immense service rendu à l'administration, mais encore et particulièrement aux pauvres, puisque désormais nous, qui sommes leurs organes, nous serons définitivement fixés sur l'origine de chacun des biens qui forment leur dotation, et que nous pourrons recueillir et enregistrer les noms de leurs bienfaiteurs tombés dans l'oubli des temps....... »

« BACHELIER, VICTOR MOREL, NAU,
G. DOUVILLE. »

Les noms des bienfaiteurs avaient été effectivement réunis par M. Louandre dans une liste restée manuscrite jusqu'ici, mais remise avec tout le travail de dépouillement des actes et des pièces à la commission administrative des hospices. De ces noms, les principaux seuls, en raison de la nature ou de l'importance des donations, ont été cités dans la notice imprimée. Dans quelques hôpitaux de province, — notamment dans celui du Mans, — les listes des donateurs sont exposées en tableaux sur les murs des salles. Ces souvenirs reproduits aux yeux des malades et qui les mettent en quelque sorte en relation avec ceux qui, dans tous les temps et d'avance, ont songé à leurs douleurs, ne sont-ils pas les meilleures décorations des maisons de souffrances ? M. Louandre, en donnant d'abord sa notice aux mémoires de la Société d'Emulation (1853-1857), se crut, à tort sans doute, obligé de restreindre sa liste. Un travail analogue au sien demandé et exécuté par toute la France nous fournirait le nobiliaire de la charité.

M. Louandre offrit encore vers le temps de cette dernière publication, son dévoûment au rangement des archives de Saint-Vulfran, travail qu'il accomplit en effet dans le courant de 1854; il reçut à cette occasion la lettre de remercîment qui suit et que nous citons parce que les témoignages de cette sorte lui étaient particulièrement précieux, comme ils doivent l'être à tous les honnêtes gens que l'opinion, l'estime et les suffrages de leurs concitoyens suffisent à satisfaire :

« Abbeville, 31 octobre 1854.

« Monsieur,

« Nous avons l'honneur de vous informer que dans sa séance du 24 octobre, le Conseil de fabrique a décidé : 1° que pour utiliser votre classement et étiquetage par liasses des papiers déposés dans les archives, il serait procédé à un inventaire général de tous les titres et documents, ainsi qu'à la mise au rebut des pièces qui seront reconnues inutiles sous les rapports administratifs et historiques.

« MM. de Fransu et Brunet ont été désignés pour ce travail.

« 2° Que les archives seraient complétées par des copies régulières de tous les documents relatifs à la collégiale de Saint-Vulfran qu'on pourrait trouver dans les cartons de la collection de dom Grenier, en dépôt à la Bibliothèque nationale.

« Le Conseil a provisoirement ouvert au trésorier un crédit de 200 francs pour les frais de ce double travail [1].

« Il nous a chargé de vous remercier de ce que vous avez déjà fait pourrégulariser les archives et d'invoquer votre concours éclairé pour ce qui reste à faire.

<table>
<tr><td>Le Président,</td><td>Le Secrétaire,</td></tr>
<tr><td>LAMBERT.</td><td>CRUSEL.</td></tr>
</table>

---

[1] Les recherches à la Bibliothèque nationale ont procuré alors à la fabrique de Saint-Vulfran une belle copie de l'ancien obituaire, qui s'est malheureusement égarée, mais que l'on pourrait se procurer de nouveau facilement.

Ainsi le dévoûment de l'historien, de l'archiviste qui mettait son expérience et son habileté au service de tous les établissements de la ville, se trouvait rétribué par les témoignages spontanés de ses concitoyens, et depuis l'école de l'abbé de Létoille où les prix, en l'an VI, étaient décernés aux élèves « par le suffrage unanime de leurs condisciples, » jusqu'au déclin même de sa vie, M. Louandre reçut toutes ses récompenses de l'opinion, de la reconnaissance, du suffrage de ses compatriotes. Grand honneur et le plus enviable qu'un homme d'humeur simple et fière puisse proposer à ses ambitions.

Telle fut donc l'existence occupée que nous rappelons; elle tient tout entière mais très-assidûment active dans toutes les fonctions modestes, utiles, dévouées, intelligentes qu'un homme peut remplir pour le service de la ville où Dieu l'a fait naître. Successivement, simultanément, pour beaucoup de ces fonctions, archiviste en 1829, conseiller municipal de 1830 à 1831, bibliothécaire de 1831 jusqu'aux envahissements de l'infirmité, vice-président du conseil des prud'hommes de 1830 à 1835, officier de la garde nationale de 1830 à 1838, membre du comité supérieur de l'instruction primaire jusqu'à la suppression des comités de surveillance, correspondant du ministère de l'Instruction publique pour les travaux historiques jusqu'à sa mort, etc., M. Louandre, on le voit, ne refusa aucune des tâches que la notoriété de son zèle lui valut. Et pendant de longues années, les affaires ont disputé à l'écrivain les heures même de l'étude. Sa vie se trouva partagée entre ces affaires enchaînantes et tout un ordre d'idées qu'on ne voit d'ordinaire préoccuper que les gens voués aux professions libérales dès les premières années de la vie.

De très-bonne heure, il s'était complu dans ces idées, dans cette vie de la réflexion et de l'étude à côté de la vie du mouvement et de la distraction. Il s'était mis à l'œuvre dans l'élaboration de sa première histoire à l'époque où les travaux de MM. Guizot et Thierry avaient déjà, il est vrai, tourné très-vivement l'ardeur des écrivains et l'attention du public vers l'histoire générale de la France, mais non encore tout-à-fait vers les histoires locales. Bien avant que le second de ces mouvements se fût décidé dans la direction des études, il se renseignait curieusement sur le passé de sa ville. La pratique de l'histoire était surtout chez M. Louandre le culte du sol natal qu'il ne quitta jamais, et dont il ne pouvait pas s'écarter. Les événements même qui changeaient le monde de quart d'heure en quart d'heure pendant sa jeunesse le frappaient plus vivement quand il en remarquait l'action dans les esprits qui l'entouraient, entre les murs de sa ville.

De 1814 à 1816, il avait noté jour par jour les faits particuliers qui répondaient sous ses yeux aux grandes péripéties de la politique générale. A l'exposition de ces faits, il avait joint des dessins, représentations d'arcs de triomphe, décorations de rues, dîners de joie sur le seuil des maisons, emblèmes sans pudeur pour les succès et pour les revers. L'ensemble de ces impressions écrites et de ces dessins composait un journal complet des manifestations de toutes sortes, des mots saisis au vol, des opinions fluctuantes, des inaugurations chargées de démentis, des acclamations, des injures, des chutes, des élévations, des retours et des départs de ce temps. L'observateur qui peut-être n'osait pas encore s'avouer historien s'arrêta à 1816, fatigué, et plus tard l'épouvante des changements rapides d'opinions ou de costume qu'il avait eu à consigner lui fit détruire ces curieuses constatations oculaires. La mansuétude de son caractère ne lui permettait pas de donner des leçons appuyées sur des faits contemporains.

Lui-même inaltérablement, modérément, sagement libéral comme l'esprit de ses livres nous le montre, il demeura toujours fidèle à des sentiments qui dataient chez lui de la Restauration, sans jamais tomber, même alors, dans quelques travers antireligieux de cette ardente époque de luttes.

La mesure, le calme, la règle formaient le caractère de M. Louandre, et il conserva ces qualités d'une âme sereine jusqu'aux dernières heures de sa vie. Au milieu des langueurs qui accablaient son corps, la liberté de sa pensée était restée parfaite ; peu de semaines avant sa mort, il me récitait des vers de Saint-Lambert qui commencent ainsi :

Malheur à qui les dieux accordent de longs jours !

Dieu épargna enfin au malade une plus longue suite de malaises. M. Louandre mourut le 20 novembre 1862.

E. Prarond.

Amiens. — Imp. de T. Jeunet, impasse des Cordeliers, 3.